AF286466

Herstellung und Verlag: Books on Demand GmbH, Norderstedt
ISBN: 978-3-8370-4872-8

Herausgegeben von Alexandra Noll
Hundetrainerin nach den Richtlinien der Interessen Gemeinschaft Hund (IGH) e. V.

Probleme zwischen Hundeführer und Hund
– wie bekomme ich sie in den Griff ?
Hundeausbildung zum verkehrssicheren Begleithund.

Alexandra Noll

Inhalt

Einleitung

Ich möchte keine große Einleitung schreiben, sondern nur an einem „Hunde-Fall" zeigen, wie man die auftretende Probleme zwischen Hundeführer und seinem Hund in den Griff bekommt.

Es ist mein Wunsch, dass die Leser, mit dem Inhalt dieses Büchlein etwas anfangen und mit ihren Hunden umsetzen und dass sie den Mut finden, den notwendigen Schritt zu gehen „von der Theorie in die Praxis".

Der Hund erwartet Liebe, Geduld und Verständnis, allerdings auch eine feste Hand und pädagogisches Geschick.

Unser Fall:

Herr Schulze holte sich einen Hund aus dem Tierheim. Es war ein Labrador Rüde (2 Jahre alt) und hörte auf den Namen Ben.

Die Eigenschaften eines Labrador sind:

Veranlagung / Typ:
Unter anderem Jagd- Blindengeleithund, Drogensuch- und Familienhund.

Charakter:
freundlich, gutmütig, intelligent und arbeitswillig, gehorsam, sozial, anhänglich, gefügig, verständig, bedachtsam, treu, guter Geruchssinn. Labradors werden erst sehr spät geistig und körperlich erwachsen.

Erziehung:

Der Labrador ist ein intelligenter Hund, der fast keine Erziehung braucht.
Er ist sehr lernwillig und arbeitet gern für seinen Herrn. Ihn, mit all seinen Fähigkeiten, nur als reinen Haushund zu halten, entspricht nicht seinem Wesen. Er ist dankbar für jede Beschäftigung, die man mit ihm unternimmt.

Verträglichkeit:
Der Labrador geht in der Regel sehr gut mit seinen Artgenossen und anderen Haustieren um. Zu Kindern ist er besonders geduldig und gutmütig.

Nach ein paar Tage erkennt Herr Schulze, dass er und sein Hund dringend fachmännische Hilfe benötigen. Aus diesem Grund wendet er sich an mich, die Hundetrainerin Alexandra Noll. Mir ist nach kurzer Prüfung sofort klar, welche Probleme Hundeführer und Ben haben.

Labrador Ben und seine Probleme:

1. kein Kontakt zum Stadtverkehr und fremden Menschen

2. gibt kein Futter ab und lässt sich von seinem Herrchen nicht pflegen

3. Jagd alles, was sich bewegt, sobald er von der Leine ist

4. Herr Schulze gibt seinem Ben Trockenfutter für Junghunde

Die Lösung:
Hundeausbildung zum verkehrssicheren Begleithund.

Es ist bei der Ausbildung eines Hundes sehr wichtig, vernünftige Verhaltensregeln festzulegen und sie konsequent durchzusetzen.

Zu 1. Herr Schulze muss sich mit seinem Ben öfter in der Stadt aufhalten, trainieren bzw. spazieren gehen. An die Geräusche von Autos, Motorräder und Busse muss Ben sich in Laufe der Zeit gewöhnen. Hier sieht er andere Hunde und Menschen, mit denen er „Sicht- und Geruchs" - Kontakt aufnehmen kann. Herr Schulze muss mit ihm Gebäude betreten, Treppen laufen, mit dem Fahrstuhl fahren und in ein Restaurant gehen, um Ben die Angst vor dem Neuen zu nehmen.

Zu 2. Ben gibt man erst dann Futter, wenn er vorher gehorsam war, z.b. gibt man ihm das Kommando „Sitz" oder „Platz". Wenn er folgt, gibt man ihm sein Futter als Belohnung. In den ersten beiden Tagen kann man ihm das Futter mit der Hand und mit dem Kommando „Hier friss" geben, danach gibt man das Futter in den Napf, stellt ihn hin ebenfalls mit dem Kommando „Hier friss" und nimmt ihm ab und zu den Hundenapf weg.

Täglich sollte man den Hund bürsten, vorher mit den Händen übers ganze Fell kämmen, Vorstufe zur Bürste. Die Ohren, Zähne und Fußballen sind zu kontrollieren und wenn nötig mit einem feuchten Tuch zu säubern. Ein nasses Fell muss mit einem Handtuch getrocknet werden. Ben sollte es sich gefallen lassen, ohne zu beißen oder zu knurren. Alles in Ruhe durchführen, so das Ben sich nicht bedrängt fühlt. Die Belohnung erfolgt mit Leckerli.

Zu 3. Schleppleinentraining: wegen allgemeiner Rückrufproblematik, jagen, Bindungslosigkeit, Rangordnungsprobleme, Vertiefen der Aufmerksamkeit.

Unterordnungstraining: Fuß, Sitz, Platz, Hier (bzw. Komm), Bleib Sitz, Bleib Platz (jeweils mit Wort und Sichtzeichen).

Rangordnungstraining: Umwerfen des Hundes Ben mit beiden Händen an den Beinen zur Seitenlage, bleibt solange liegen bis Herr Schulze Ben mit dem Kommando „Hoch" frei gibt.

Zu 4. Umstellung des Hundetrockenfutters vom Junghundefutter (nur bis 12. Monat) zum Trockenfutter für normal beanspruchte Hunde. Das Rohprotein sollte nicht höher sein als 22 –

25%. Zu hoher Proteinanteil im Futter bauschen den Hund zu sehr auf.

1.Tag 10.00 Uhr
Kennenlernen der Hunde untereinander (beschnuppern und spielen)
Schleppleinen- bzw. Aufmerksamkeitstraining für Ben

Zum Kennenlernen habe ich zwei junge Hündinnen organisiert. Eine Labradorhündin, ein Jahr alt, sehr verspielt, sowie eine Neufundländerhündin, 9 Monate alt und etwas zickig (mag es nicht, wenn andere Hunde sie von hinten beschnuppern). Alle Hunde wurden auf dem Übungsplatz abgeleint. Herr Schulze und ich ließen die Hunde etwa 10 Minuten spielen; sie haben sich gut vertragen. Danach wurden alle Hunde für das Schleppleinentraining bzw. Aufmerksamkeitstraining mit einer 10 Meter Leine angeleint.

Die Leine wurde so weit aufgewickelt, dass den Hunden ein Entfernungsradius von 3 bis 4 Meter verblieb. Dieses Training dient dazu, dass der Hund Ben auf sein Herrchen Herrn Schulze achtet, denn nur Herr Schulze bestimmt den Weg und nicht der Hund. Ich erkläre Herrn Schulze, dass er den aufgewickelten Teil der Leine in beiden Händen vor dem Bauch / Brustbereich festhält, mit aufrechtem Körper, die Schultern nach hinten, seinen Weg geht. Dabei wird nichts gesagt, der Hund wird nicht angeschaut und total ignoriert. Denn nur dem Rudelführer steht es zu, den anderen zu ignorieren.

Folgt Ben nicht seinem Herrchen, vollzieht Herr Schulze einen schnellen Richtungswechsel. Dadurch entsteht ein Ruck am Halsband, den der Hund sofort merkt bzw. spürt. Der Richtungswechsel wird solange wiederholt, bis Ben folgt. Er darf auch nicht zum Spielen zu den anderen Hunden. Der Richtungswechsel (Ruck) wird auch angewandt, wenn Ben an seinem Herrchen vorbei läuft. Nur ein Hundeführer/Rudelführer läuft vor.

Nach der Erklärung und Demonstration ließ ich die Hundeführer für ca. 15 Minuten das Leinentraining üben. Besonderes Augenmerk hatte ich bei Herrn Schulze und seinem Hund Ben, da Ben noch sehr verspielt ist und zu den anderen Hunden wollte. Herrn Schulze empfahl ich einen sofortigen Richtungswechsel, damit die Korrektur durch den Leinenruck entsteht. Die anderen Hunde haben Ben nicht zu interessieren. Ben muss sich auf sein Herrchen konzentrieren. Herr Schulze machte den Richtungswechsel und Ben wurde darauf etwas aufmerksamer, lief aber an seinem Herrchen vorbei.

Auch hier wieder der Hinweis an Herrn Schulze, den Richtungswechsel nicht zu vergessen, wenn er an ihm vorbei rennt. Zwischendurch sollten die Hundeführer stehen bleiben und auch die Hunde. Dabei dürfen die Hunde nicht am Boden schnüffeln oder vorbei laufen, wenn doch, dann wird ebenfalls ein Richtungswechsel vollzogen, ein paar Schritte gegangen um dann wieder stehen zu bleiben. Dies wird solange wiederholt, bis Ben ebenfalls stehen bleibt. Nach 15 Minuten beendete ich das Aufmerksamkeitstraining.

Die Hundeführer konnten die Hunde mit dem Kommando „Lauf" zum Spielen und entspannen ableinen. Nach 10 Minuten sollte jeder seinen Hund abrufen und anleinen, was nicht auf Anhieb klappte. Nach dem Anleinen wurde der Hundeplatz verlassen.

14.00 Uhr
Einstellen des Hundes Ben auf Wurfkette zur Sensibilisierung (Aufklärung der Handhabung) –Der Hund darf das Futter (z.B. Wurst) nicht vom Boden aufnehmen-
Theoretische Wiederholung vom Vormittag zum Sinn und Zweck des Aufmerksamkeitstrainings

Die Einstellung der Wurfkette für den Labrador Ben erfolgte in einem ruhigen geschlossenen Raum. Herr Schulze saß auf der Bank und leinte seinen Hund ab. Ich nahm 3 Wurfketten in eine Hand und warf mit der anderen Hand ein Stück Wurst auf den Boden. Als Ben zur Wurst ging um sie aufzunehmen, warf ich sofort aus dem Handgelenk heraus eine Wurfkette in Richtung zur Wurst. Ben zuckte kurz weg ging aber wieder hin. Ich warf die 2. Kette Richtung Wurst. Ben ging wieder ein paar Schritte zurück. Er versuchte es noch einmal, war dabei aber etwas vorsichtiger (unsicher). Ich warf die 3. Kette. Daraufhin ging er ganz weg und lief zu seinem Herrchen.

Ich bat Herrn Schulze, die Wurst aufzuheben, seinem Hund zu geben und dabei ihn mit ruhiger Stimme zu loben (mit Schulterklopfen), dass er die Wurst nicht nahm. Der klingende Ton der Kette hat ihn erschreckt. Der Ton soll Ben sagen, es heißt „Nein". Dies wiederholten wir noch zweimal. Danach hatte Ben kein Interesse mehr an der Wurst. Herr Schulze gab die Wurst seinem Hund und lobte ihn, da er sich für die Wurst nicht mehr interessierte.

Dann war eine andere Tür auf, Ben war neugierig und wollte hin. Ich klimperte kurz mit der Kette, Ben wich zurück. Somit war er eingestellt. Ich erklärte Herrn Schulze warum es wichtig ist, dass eine andere Person den Hund auf die Kette einstellt und nicht der Hundehalter selbst. Das Herrchen soll der Gute sein, der einem tröstet und Geborgenheit gibt, während die klingende Wurfkette der Böse (nein) ist. Die Anwendung der Kette ist auch dann gut, falls Ben beim spazieren gehen andere Tiere (z.B. Vögel, Eichhörnchen, Hasen usw.) nachrennen (jagen) will. Beim Einsatz der Kette sollte Herr Schulze versteckt aus dem Handgelenk die Kette werfen, damit der Hund nicht mitbekommt, dass er die Kette wirft, falls Ben einem Tier hinterher rennen will.

Herrn Schulze habe ich noch drei zusätzliche Aufgaben gegeben, die er täglich öfters ausführen soll.

1. Pflege des Hundes
Da Ben sich von seinem Herrchen nicht pflegen lässt, habe ich Herrn Schulze folgendes empfohlen. Er muss täglich Ben untersuchen nach Knoten, Zecken, Schnitte usw. Ben ist täglich zu bürsten.

Vorher wird mit den Händen über das ganze Fell gekämmt, danach nimmt man die Hundebürste. Die Ohren, die Zähne und die Fußballen sind zu kontrollieren. Die Pfoten werden mit einem feuchten Tuch gesäubert. Das nasse Fell wird mit einem weichen Handtuch getrocknet.

Der Hund muss es sich gefallen lassen ohne zu knurren und zu beißen. Diese Kontrolle und Pflege sollte man zu Anfang nicht zu lange machen. Der Hund wird dabei gelobt mit den Worten „Fein" oder „Brav". Dazu gibt man ein Leckerli, wenn der Hund dabei ruhig bleibt. Durch Lob und Leckerli verbindet der Hund die Pflege und Kontrolle als etwas schönes und gutes. Knurrt oder brummt Ben dabei, bekommt er kein Leckerli, sondern das Kommando „Nein" oder „Pfui". Alles in Ruhe durchführen, so das Ben sich nicht bedrängt fühlt.

2. Fütterung
Herr Schulze muss seinem Hund das Futter wegnehmen können. Er gibt Ben das Futter erst dann, wenn Ben auf sein Kommando „Sitz" oder „Platz" gemacht hat. Die ersten 2 Tage gibt man dem Hund das Futter mit dem Kom-

mando „Hier friss" aus der Hand. Danach benutzt man den Hundenapf ebenfalls vorher mit „Sitz" oder „Platz", dann Kommando „Hier friss" und nimmt dem Hund ab und zu den Napf weg.

3. Rangordnung

Ich erklärte Herrn Schulze, dass der Mensch der Rudelführer ist, nicht der Hund. Daher sollte er immer zuerst durch eine Haustür, ein Tor rein oder rausgehen. Auch sollte er nicht über Ben steigen, wenn der Hund im Weg liegt. Der Hund muss aufstehen und den Weg freimachen. Diese Regel gilt z.B. im B-Revier (Garten oder bekannte Umgebung) und im C-Revier (fremde Gegend). Nicht im A-Revier (Haus oder Zwinger).

2. Tag 10.00 Uhr
Unterordnungstraining, Erlernen der Kommandos „Sitz", „Platz", „Fuß" und „Kehrt" auf dem Hunde - Übungsplatz
sowie das Spielen der Hunde untereinander

Herr Schulze und die anderen Hundeführer kamen mit ihren Hunden pünktlich und gingen gemeinsam zum Übungsplatz. Ich machte alle darauf aufmerksam, dass der Hundeführer vor seinem Hund durchs Tor zum Übungsgelände geht, danach kommt der Hund. Beim Verlassen des Platzes ist ebenfalls diese Regel zu beachten.

Danach wurden alle Hunde abgeleint und mit dem Kommando „Lauf" zum spielen und entspannen für ca. 5-10 Minuten freigegeben. Anschließend sollte jeder seinen

Hund abrufen und anleinen. Bei einigen ging es einigermaßen. Ben wollte nicht zu seinem Herrchen gehen, er wollte lieber noch weiter spielen. Da Ben in meiner Nähe stand hielt ich ihn am Halsband fest und Herr Schulze leinte Ben an. Dann erklärte und zeigte ich den Hundeführern wie die einzelnen Kommandos „Fuß", „Sitz", „Platz" und „Kehrt" angewendet werden. Dies sollten die Hundeführer während der Spaziergänge tagsüber ausführen und mehrmals 10-20 Minuten lang üben.

Beim „Fuß" gehen sollte die Leine nicht länger als einen Meter sein, eine längere Leine behindert beim Korrigieren. Die Leine wird in der rechten Hand gehalten, damit die linke Hand frei ist, um den Hund zu loben, zu motivieren (z.b. Leckerli, Hand schnipsen, auf Oberschenkel klopfen oder zum Korrigieren). Beim Korrigieren wird mit der linken Hand die Leine kurz angeruckt (Leinenruck). Der Ruck hat seitlich zum eigenen Körper zu erfolgen, ein Ruck nach hinten geht gegen den Kehlkopf des Hundes. Das Halten der Leine in der linken Hand könnte die linke Schulter des Hundeführers auskugeln, wenn der Hund nach hinten zieht oder wegrennt.

Die Leine sollte nie straff sein, sondern locker runterhängen. Der Hund kann sonst keine Entspannung empfinden und sich nicht konzentrieren. Eine ständig straffe Leine könnte Dauerstress beim Hund auslösen und er lernt, dass er nur mit straffer Leine weiterkommt. Dabei ist der Hund ständig am röcheln und für den Hundeführer ist es der pure Stress.

Der Hund sollte immer links, der Straße abgewandter Seite laufen. Beim Fahrradfahren auf der rechten Seite, damit er nicht auf die Straße laufen kann (Unfallgefahr). Das

„Fuß" gehen wird mit dem Hörzeichen „Fuß" und gleichzeitigem kurzem Leinenruck befohlen. Wobei der Leinenruck seitlich zu sich zu erfolgen hat. Wichtig ist, dass das Hörzeichen und der Leinenruck vor dem eigenen Angehen zu erfolgen hat. Versucht der Hund sich zu entziehen, so wird die Leine wieder locker gelassen und mit dem Kommando „Fuß" erfolgt sofort wieder ein neuer kurzer Ruck.

Befindet sich der Hund nach dem Ruck an der linken Seite des Hundeführers, also Schulter des Hundes in Kniehöhe des Hundeführers, erfolgt sofort ein Lob mit streicheln oder „so ist fein". Läuft der Hund weiterhin „bei Fuß", wird er auch in der Bewegung heraus gelobt (z.B. an die linke Schulter des Hundes klopfen), dabei bleibt man nicht stehen.

Nach der Erläuterung ließ ich Herrn Schulze mit seinem Hund und die anderen die Fuß-Übung durchführen. Hierfür habe ich 5 Minuten vorgesehen. In dieser Zeit korrigierte ich Herrn Schulze , als er seinen Hund zu spät ruckte und das Kommando „Fuß" nicht gleichzeitig kam. Als die Übung einigermaßen klappte und die Hunde nicht ständig auf Zug bzw. zu weit hinten liefen habe ich die Kehrtwendung mit eingebaut.

Die Kehrtwendung erfolgt, indem man mit dem Hörzeichen „Fuß" und gleichzeitigem Leinenruck ein paar Schritte geht und in der Bewegungsphase nach links zum Hund dreht. Dabei wird die Leine in die rechte Hand genommen. Der Hund wird dabei eng um den Körper geführt. Dabei wird die Leine von der rechten Hand in die linke Hand übergeben. Ist der Hund um den Hundeführer herum gegangen und auf der linken Seite angekommen, wird die Leine in die rechten Hand wieder genommen, so das die Linke frei ist um den Hund beizudrehen (beirucken). Der Hund muss nach der Wendung wieder mit seinem Schulterbereich in Kniehöhe des Herrchens sein.

Der Hund wird sofort gelobt, wenn er um einem herum an der richtigen Seite weiter bei Fuß geht. Man kann dies auch mit einem Leckerli nachhelfen. Weicht der Hund aus, wird er mit dem Leinenruck und dem Kommando „Fuß" korrigiert; bei Erfolg wird sofort gelobt. Die Fuß-Übung und Kehrtwendung ließ ich ebenfalls von den Hundeführern 5 Minuten üben. Bei Herrn Schulze und seinem Hund Ben klappte es nicht so recht.

Ich bat Herrn Schulze die Kehrt Übung im Stehen 3 mal mit Leckerli zu üben, die Leine aber weiterhin in der Hand zu behalten. Da klappte es viel besser, danach wurde die Kehrtwendung in der Bewegungsphase weitergeübt. Mit Hörzeichen und Leinenruck wurde korrigiert, da Ben manchmal nach rechts oder links ausweichen wollte. Als Ben sich auch mal sträubte weiter zu laufen, trotz Leinenruck, bat ich Herrn Schulze seinen Hund mit Leckerli und mit schnalzen der Zunge Ben zu locken, in dem er das Leckerli vor die Nase hält.

Danach ging es besser und Ben wurde von seinem Herrchen gelobt mit Leckerli und streicheln. Bevor „Sitz" und „Platz" – Übungen mit dem bei „Fuß" eingebaut wurden, ließ ich eine Pause von 10 Minuten machen, damit sich die Hunde entspannen und spielen können. Die Hunde wurden abgeleint und mit dem Kommando „Lauf" freigegeben.

Danach wurde „Sitz" und „Platz" mit „Fuß" gehen verbunden. Herrn Schulze und den anderen Hundeführern erklärte ich, dass bei „Sitz" das Wort „Sitz" und das entsprechende Sichtzeichen — ausgestreckter Zeigefinger nach oben – gleichzeitig verwendet wird. Auch hier ggf. mit Hilfe eines Leckerlie oder Ball nachhelfen, in dem man das Leckerli (Ball) vor die Nase des Hundes nach oben und etwas nach

hinten hält, worauf der Hund sich meistens setzt. Sobald der Hund sitzt, seinen Hund loben, Leckerli geben und streicheln. Dabei den Hund anschauen, denn der Blickkontakt ist wichtig.

Als Herr Schulze mit Ben die Sitz-Übung übte und mit Leckerli arbeitete, steht Ben nach dem Leckerli gleich wieder auf. Ich sagte zu Herrn Schulze, dass Ben erst dann wieder aufstehen darf, wenn er das Kommando „Fuß" gibt, vorher nicht. Ich erklärte Herrn Schulze, dass er mit der Leine nachhelfen soll, in dem er die Leine mit der rechten

Hand nach oben zieht und mit der linken Hand drückt er zur gleichen Zeit das Hinterteil von Ben runter, wobei er das Kommando „Sitz" wiederholt. Sobald Ben „Sitz" macht wird die Leine wieder gelockert und gelobt (z.B. mit Leckerli, Schulter klopfen des Hundes), dies wurde mehrmals mit „Fuß" gehen verbunden. Diesmal klappte es bei Ben besser.

Danach wurde das „Fuß" gehen mit „Platz" geübt. Herrn Schulze und den anderen Hundeführern erklärte ich, dass beim „Platz" ebenfalls ein Sichtzeichen verwendet wird, in dem man mit der flachen Hand nach unten zeigt. Hilfestellung gibt man zu Anfang mit einem Leckerli, in dem man es in der flachen Hand und dem Wort „Platz" vor dem Hund nach unten hält.

Die Platz-Übung wird vom Hund einfacher ausgeführt, wenn der Hund vorher sitzt. Herr Schulze soll seinen Hund erst dann loben, wenn er richtig liegt. Ben darf nie von selbst aufstehen. Herr Schulze muss seinem Hund mit dem Kommando „Fuß" das „Platz" aufheben. Danach wurden die Hunde für die Platz-Übung mit Leckerli oder streicheln belohnt. Dies wurde ebenfalls mit „Fuß" gehen verbunden. Nach einigen Übungen wurden die Hunde zum Spielen freigegeben. Nach dem spielen und entspannen wurde der Übungsplatz – mit den Hunden angeleint – verlassen, wobei das „Fuß" gehen beibehalten wurde.

14.00 Uhr
Festigen der Übung vom Vormittag an der Leine mit „Fuß", „Kehrt", „Sitz" und „Platz"

Theoretischer Unterricht – nochmalige Erläuterung der Kommandos der Unterordnung

Auf dem Übungsgelände durften die Hunde vorher für 5 – 10 Minuten miteinander spielen. Danach wurden sie von den Hundeführern zu sich gerufen und angeleint. Herrn Schulze und den anderen Hundeführern sagte ich, dass die Unterordnung am besten geübt werden kann, wenn die Hunde bereits etwas ausgetobt sind und sich ihrer „Geschäfte" entledigt haben.

Dann wurden die Kommandos „Fuß", „Kehrt", „Sitz" und „Platz" wie am Vormittag geübt. Herrn Schulze und die anderen Hundeführer daran erinnert, die Kommandos mit entsprechendem Sichtzeichen anzuwenden und bei Ausführung sofort zu loben. Jeder sollte auch darauf achten, dass ihre Hunde beim Sitz gerade neben einem sitzen, sowie beim Platz gerade neben einem liegen.

Das „Fuß", „Sitz" und „Kehrt" ging bei den Hunden recht gut. Beim „Platz" hat sich Ben etwas quer gestellt. Daraufhin bat ich Herrn Schulze, das Kommando „Platz" sowie das Sichtzeichen zu wiederholen. Auch solle er sich vor Ben stellen und die Oberarme des Hundes nehmen und sie sanft nach vorne ziehen und dabei das Kommando „Platz" wiederholen. Dies musste Herr Schulze drei mal mit Ben machen, danach ging's.

Diese Kommandos „Fuß", „Sitz", „Platz" und „Kehrt" wurden 15 Minuten lang geübt, danach wurde für 5 – 10 Minuten eine Pause für die Hunde zum entspannen eingelegt. Für die Hundeführer wurden die einzelnen Übungen nochmals erläutert. Nach der Pause wurde noch mal 10 Minuten geübt. Diesmal lief es recht gut. Zum Ende der

Stunde bat ich Herrn Schulze und die anderen Hundeführer die Unterordnungsübungen auch während des restlichen Tages, z.B. beim Spazieren gehen, nie länger als 10-15 Minuten zu üben. Dies aber mehrmals mit Kommando und Sichtzeichen, sowie das sofortige Lob bei Ausführung des Befehls.

3. Tag 10.00 Uhr
Aufmerksamkeitstraining mit 10 m Leine und mit Ablenkung
Schleppleinentraining mit Abruf auf 5 Meter und auf 10 Meter

Vor dem Training die Hunde erst mal laufen und spielen lassen. Nach 5 Minuten sollte Herr Schulze und die anderen Hundeführer ihre Hunde zum Anleinen zu sich rufen und die Hunde mit der 10 Meter Leine auf 3-4 Meter gekürzt (aufgewickelt) anleinen.

Da es nicht ganz so geklappt hatte mit dem Herbeirufen wie in den beiden Tagen zuvor, wird nach dem Aufmerksamkeitstraining mit der 10 Meter Leine das Abrufen „Hierhin" (auch „Komm") trainiert. Als erstes lies ich Herrn Schulze mit Ben das Aufmerksamkeitstraining mit Ablenkung durchführen, während die anderen Hundeführer mit ihren Hunden kreuz und quer dicht an Ben und seinem Herrchen vorbeiliefen.

Herr Schulze sollte seinen Hund Ben nicht beachten, nichts sagen sowie ansprechen, kein hinschauen. Er sollte seinen Weg gehen und darauf achten, dass Ben ihm folgt, nicht zu den anderen Hunden geht, unaufmerksam ist oder an ihm vorbei läuft. Falls doch sollte er sofort in die entgegengesetzte Richtung laufen, wobei dann der Leinenruck entsteht und Ben dadurch aufmerksamer wird. Bei diesem Training wird der Hund nicht gelobt, denn er soll aufmerksam sein und seinem Herrchen folgen. Der Rudelführer (Herr Schulze) bestimmt den Weg und nicht der Hund.

Nach einigen Richtungswechsel von Herr Schulze lief Ben sehr gut mit. Aber sobald sein Herrchen stehen blieb, lief er an ihm vorbei. Dabei korrigierte ich Herrn Schulze, dass er sofort einen Richtungswechsel machen soll (Leinenruck), da sein Hund nicht stehen geblieben ist. Nach viermaligem Richtungswechsel, wobei ein Ruck entstand, als Ben am Herrchen vorbei lief, als der stehen blieb, kapierte Ben dann, dass er ebenfalls in der Nähe von Herrchen stehen zu bleiben hat. Diese Übung dauerte etwa 10 Minuten.

Bevor es zum Schleppleinentraining ging, erklärte ich Herrn Schulze und den anderen Hundeführern warum es wichtig ist, dass der Hund auf Abruf sofort kommt und wie es funktioniert bzw. trainiert wird. Denn sie als Hundeführer sind derjenige, der den Aktionsradius (Entfernung) des Hundes entscheidet und der Hund sich fügen muss. Falls der Hunde entwicht, sich und andere in Gefahr begibt (Straßenverkehr), oder die Leine reißt oder ein Wild springt plötzlich vor einem auf und rennt weg, da müssen sie sicher sein, dass der Hund sofort auf Ruf zu ihnen zurückkommt und nicht einem anderen Tier folgt.

Sprechen sie ihren Hund mit seinem Namen an mit dem Kommando „Hier". Zeigen sie ihm ein Leckerli, gehen sie dabei in die Hocke, oder gehen sie rückwärts und halten dabei die Leine fest ohne erst mal daran zu ziehen bzw.

zu rucken. Denn der Hund soll freiwillig folgen. Halten sie nach einigen Metern an und belohnen sie den Hund wenn er zu ihnen kommt.

Dies wird zuerst in ablenkungsarmen Situationen und auf gemeinsamen Spaziergängen immer wieder mit langer Laufleine gesichert (dient als verlängerter Arm und zur Korrektur) den Hund zu sich rufen. Kommt der Hund wird er sofort gelobt und mit dem Kommando „Lauf" wieder an der gesicherten Leine laufen gelassen. Um die Entfernung besser einschätzen zu können und es dem Hund leichter zu machen, kann man anfangs mit der 5 Meter Leine (aufgewickelt) arbeiten. Klappt das Abrufen von der 5 Meter Leine wird die Entfernung auf 10 Meter erhöht. Die Ablenkungsbedingungen werden gesteigert (spielende Hunde, Jagdobjekte, Hühner, Katzen usw.).

Bei dem Kommando „Hier" muss der Hund ganz nah direkt vor den Hundeführer kommen und vor ihm sitzen. Beim Kommando „Komm" braucht der Hund nicht direkt vor dem Herrchen zu sein, es genügt, wenn der Hund sich im kleinen Radius um den Hundeführer einfindet.

Nach der Erläuterung bat ich Herrn Schulze mit Ben mit der 5 Meter Leine etwas abseits von den anderen Hunden zu üben, sonst ist die Ablenkung am Anfang zu groß. Herr Schulze ging mit Ben ein paar Meter. Als Ben nicht folgte, weil er zu den anderen Hunden wollte, bat ich Herrn Schulze Ben sofort zu rufen, in die Hände zu klatschen bzw. einen kurzen Leinenruck verbunden mit dem Kommando „Hier" auszuführen. Die Leine ist dann wieder locker zu lassen. Als Ben zum Herrchen kam, lobte Herr Schulze seinen Hund und gab ihm ein Leckerli. Nach mehrmaligem üben ging's. Die Leine wurde dann auf 2

Meter verlängert. Nach 10 Minuten durften die Hunde abgeleint werden und konnten wieder spielen. Die Pause dauerte 10 Minuten.

Danach wurde das gleiche geübt. Die anderen Hunde waren von Ben nicht mehr so weit von einander getrennt. Die Übung war etwas schwieriger, aber Herrn Schulze konnte mit einem kurzen Leinenruck und dem Kommando „Hier" Ben zu sich rufen. Ben wurde von seinem Herrchen mit einem Leckerli gelobt. Training wurde ebenfalls 10 Minuten lang gemacht. Die Hunde wurden nochmals für 5 Minuten von der 10 Meter Leine gelassen.

Danach rief jeder seinen Hund zu sich ab. Diesmal klappte es auch bei Ben. Ich bat Herrn Schulze das Loben nicht zu vergessen, bevor Ben mit der 1 Meter Leine angeleint wurde. Bis zum Ausgang des Übungsplatzes wurde Fuß, Sitz und Platz geübt.

Am Nachmittag sollte Herr Schulze mit Ben spazieren gehen und mit der 10 Meter Leine das Abrufen auf der Wiese und im Wald üben (falls Wild aufschreckt ist Ben durch die Leine gesichert). Ab und zu den Hund rufen, bei kommen sofort loben und mit Kommando „Lauf" wieder freigeben. Nicht zu oft und zu lange üben, lieber beim zweiten und dritten Spaziergang nochmals üben. Falls im Wald ein Reh oder Hase aufspringt und Ben hinterher rennen will und nicht auf das Kommando „Hier" reagiert, sofort einen Leinenruck mit dem Kommando „Hier" ausführen und gleichzeitigem Richtungswechsel. Kommt Ben, so ist er sofort zu loben und mit „Lauf" wieder freizugeben. Der Spaziergang wird dann normal fortgesetzt.

4. Tag 10.00 Uhr
Stabilisierung der Kommandos „Fuß", „Kehrt", „Sitz" und „Platz" in der näheren Umgebung des Hundeplatzes

Bevor außerhalb des Grundstückes geübt wurde, durften die Hunde sich erst mal begrüßen, beschnuppern und miteinander spielen. Dann sollte Herr Schulze seinen Ben zuerst abrufen, der beim zweiten Zuruf zu seinem Herrchen kam und ihn mit der 1 Meter Leine sicherte. Herr Schulze befahl Ben die Grundstellung, in dem er ihn mit dem Kommando „Sitz" und mit Sichtzeichen in Grundstellung brachte.

Dann riefen die anderen Hundeführer ihre Hunde ab und leinten sie an. Beim Verlassen des Grundstücks achtete Herr Schulze nicht darauf, dass Ben zuerst aus dem Tor lief, statt sein Herrchen. Herr Schulze musste umkehren und das Rausgehen wiederholen, aber diesmal darauf achtend, ging er zuerst aus dem Tor, dann folgte Ben.

Die ersten 50 Meter begannen mit dem Kommando „Fuß". Herr Schulze lief mit Ben vorne, die anderen zwei Hunde mit ihren Hundeführern hinter ihm. Nach 50 Meter gab Herr Schulze das Kommando „Sitz" an Ben. Ben musste sich setzen, während die anderen Hunde an ihm vorbei liefen und vor Ben „Sitz" machten. Ben wollte aufstehen, als die Labradorhündin sich vor ihn hinsetzte. Herr Schulze korrigierte Ben mit dem Kommando „Sitz" und dem Sichtzeichen. Ben setzte sich wieder, dies aber etwas zögernd. Als Ben saß wurde er von Herrchen gelobt.

Beim nächsten zögern sollte Herr Schulze mit der Leine etwas nachhelfen (Leine leicht nach oben ziehen und wieder locker lassen). Dann kam Ben dran und musste an den anderen Hunden vorbei laufen und einige Meter mit „Fuß" weitergehen. Danach musste Ben sich in Platz legen, was er gut gemacht hat. Die anderen Hunde legten sich auch in einigem Abstand ins Platz. Der letzte Hund, die Labradorhündin lief mit dem Kommando „Fuß" im Slalom zwischen den liegenden Hunden durch und schloss mit Abstand nach vorne vor Ben ins „Platz" auf. Vor Ben lief die Neufundländerhündin im Slalom und legte sich vor die Labradorhündin ins „Platz."

Dann kam Ben an die Reihe. Es lief recht gut, musste nur ab und zu korrigiert werden (Leinenruck), da er bei der Neufundländerin schnüffeln wollte. Das Platz machte Ben sofort, Lob erfolgte ebenfalls. Das „Fuß" gehen, „Platz", „Sitz" und „Kehrt" wurde in verschiedenen Varianten geübt. Im Slalom, hinter einander, neben einander. Die Hundeführer mussten sich begrüßen, während die Hunde dabei Sitz oder Platz machen sollten. Damit die Hunde, vor allem Ben, lernen ruhig neben dem Herrchen zu sitzen bzw. im Platz zu liegen, während sich die Herrchen oder Frauchen sich unterhalten.

Nach etwa 30 Minuten gingen wir zurück aufs Übungsgelände. Die Hunde konnten dann noch mal miteinander spielen und sich vom Training entspannen. Währendessen besprach ich mit Herrn Schulze die einzelnen Kommandos und Ausführungen für das Stadttraining um 14.oo Uhr. Danach wurden die Hunde wieder angeleint und die Trainingsstunde beendet.

14.00 Uhr
Stadttraining, praxisnahe Übung der verschiedenen Konfliktsituationen, z. B. Autos Geräuschkulisse, Motorräder, Gebäuden, Treppen usw.

Mit dem Auto fuhren wir in die Stadt. Wir parkten an einem Einkaufszentrum. Ich habe Herrn Schulze erklärt, dass er darauf achten soll, dass Ben das Auto erst verlassen darf wenn er angeleint ist, damit Ben nicht vor ein Auto rennt und etwas Schlimmes passiert. Ben muss Sitz machen und Herr Schulze leint den Hund an. Erst danach kann er mit dem Kommando „Hopp" Ben freigeben.

Danach sollte Herr Schulze mit Ben auf dem Parkplatz Fuß, Sitz, Platz und Kehrt üben, da auf dem Parkplatz noch nicht so viele Autos standen. Dies ging recht gut, Herr Schulze musste wenig korrigieren bzw. die Kommandos ab und zu mit Wort und Sichtzeichen wiederholen.

Der nächste Reiz war im Einkaufszentrum. Die vielen Menschen war Ben nicht gewohnt. Er war etwas verunsichert als Herr Schulze mit ihm hineinging. Wir liefen im Einkaufszentrum durch, wobei Ben weiterhin bei Fuß laufen sollte und ab und zu Sitz, Platz und Kehrt üben soll. Im Einkaufszentrum war Ben sehr aufgeregt durch die vielen Menschen und den vielen Stimmen. Herr Schulze musste öfters korrigieren durch das Wiederholen der Kommandos bzw. mit Leckerli und etwas Leinenruck.

Ich habe Herrn Schulze aufmerksam gemacht, dass er öfters Ben loben soll, wenn die Kommandos korrekt ausgeführt werden. Als es einiger maßen klappte gingen wir wieder hinaus, wo es etwas ruhiger war. Ben entspannte sich.

Außen am Gebäude war eine Stahltreppe angebracht. Ich bat Herrn Schulze mit Ben die Treppe mit dem Kommando „Fuß" hoch zu gehen. Ben war verunsichert, weil er die Gittertreppe nicht gewohnt war und er auch noch hindurch schauen konnte. Trotz des Leinenruckes bzw. aufmunternden Schenkelklopfens wollte Ben nicht weiter hoch laufen. Ich gab Herrn Schulze den Rat – wie beim Aufmerksamkeitstraining – einfach mit aufrechtem Gang weiter zu laufen (es soll dem Hund zeigen, dass sie als Hundeführer sicher sind). Der Hund wird einfach mit hochgezogen und nicht beachtet. Oben angekommen wird Ben sofort gelobt. Danach sofort wieder mit dem Hund ruhig und sicher runter gehen. Am Boden wieder angekommen, wird der Hund sofort gelobt.

Als Herr Schulze meinen Anweisungen folgte und Ben merkte, dass ihm nichts anderes übrig blieb, als einfach mitzulaufen, war er froh, als er wieder unten war. Herr

Schulze lobte ihn und Ben freute sich, dass er es geschafft hatte.

Um Ben die Angst ganz wegzunehmen sollte Herr Schulze mit Ben nochmals die Treppe hoch und runter gehen. Mit dem Kommando „Fuß" und kurzem Leinenruck wurde zweimal wiederholt. Ben lief gut mit und hatte die Angst überwunden. Mit dem Kommando „Fuß" gingen wir mit Ben zum Restaurant und setzten uns draußen hin, während Ben mit dem Kommando „Platz" sich hinlegte. Wir machten eine Pause von 20 Minuten.

Dies war auch eine Übungsgelegenheit für Ben einfach ruhig liegen zu bleiben. Als ein anderer Hund vorbei lief, stand Ben wieder auf. Herr Schulze korrigierte Ben mit dem Kommando „Platz" und kurzem Leinenruck nach unten. Ben legte sich wieder hin. Herr Schulze hat Ben gelobt.

Anschließend gingen wir auf dem Bürgersteig entlang zur Hauptstraße, wo sich der Straßenverkehr abspielte. Da fuhren Autos, LKWs, Motorräder, Busse und Radfahrer. Es wurde gehupt. Ben musste am Bürgersteig entlang „Fuß", „Sitz", „Platz" und „Kehrt" machen.

Da Ben die Geräusche nicht kannte, lief er recht unruhig bei Fuß. Herr Schulze musste öfters korrigieren und die Leckerli als Belohnung nahm Ben nicht an. Sein Herrchen lobte ihn mit Worten und Schulter klopfen. Um Ben die Spannung zu nehmen übten wir in einer ruhigen Seitenstraße mit weniger Verkehr und Geräuschen. Ben wurde gleich etwas ruhiger.

Herr Schulze musste Ben nicht mehr sooft korrigieren und Ben nahm auch wieder die Leckerli als Belohnung an. Nach 10 Minuten gingen wir mit „Fuß" wieder zurück zum Auto. Das Fuß gehen lief wieder ganz gut. Das erste Stadttraining war für Ben sehr aufregend und anstrengend. Ohne große Mühe legte er sich im Kofferraum ins Platz. Dann fuhren wir zurück.

5. Tag 10.00 Uhr
Ortstraining auf dem Bauernhof, Abgewöhnung des Jagdverhaltens z.B. bei Hühner, Katzen, Pferde und Käfigtiere (Hasen, Meerschweinchen) Rangordnungstraining

Herrn Schulze erklärte ich, dass Ben das unangebrachte Jagdverhalten abzugewöhnen ist, indem man ihn schrittweise an die anderen Tiere gewöhnt, bzw. er sie zu ignorieren hat. Unerwünschtes Verhalten, wie Hetzen (nachrennen) wird sofort unterbrochen und auch nicht geduldet. Ben muss schon im Ansatz zum Loslaufen zurecht gewiesen (Leinenruck) oder erschreckt (Wurfkette) werden. Auch das Belauern der Käfigtiere sollte nicht geduldet werden.

Eine weitere Möglichkeit der Erziehung besteht darin, in dem man bei ungewollter Handlung des Hundes ihn kurz mit einer Wasserpistole anspritzt. Dabei darf der Hund nicht erkennen, wer der „Schütze" war. Der Hund baut in dieser Situation eine abgeneigte Haltung gegenüber dem Käfig auf und wird sich zukünftig nicht mehr in seine Nähe wagen.

Bei diesen Training wurde Ben von mir an einer 10m Leine mit Zughalsband (Druck beim Rucken stärker als beim Lederhalsband)auf eine Länge von 3m gesichert. Bis zum Bauernhof waren es noch ca. 500 Meter.

Während der Strecke sollte Hr. Schulze mit Ben Fuß, Sitz, Platz und Kehrt machen. Beim Fuß gehen musste Hr. Schulze Ben 2 mal korrigieren ,während Sitz, Platz und Kehrt sofort ausgeführt wurde. Ben wurde belohnt.

Vor dem Bauernhof liefen einige Hühner im Gebüsch herum, da sollte Hr. Schulze Ben ca. 10m davor ins Platz legen. Ben legte sich hin. Als zwei Hühner aus dem Gebüsch kamen wollte Ben losrennen, da warf ich im Ansatz die Wurfkette (versteckt aus dem Handgelenk heraus) in Richtung Ben. Herrn Schulze hielt weiterhin die Leine, Ben wich etwas verduzt zurück. Er wollte es noch einmal probieren, da warf ich die zweite Wurfkette. Ben sprang nicht wieder vor. Herrn Schulze legte Ben wieder ins Platz. Er wurde von seinem Herrchen gelobt.

Dann verkürzten wir die Entfernung. Diesmal habe ich die Wurfkette nicht eingesetzt. Ich übernahm die Leine und ging mit dem Kommando Fuß mit Ben etwa 6 Meter vor den Hühnerstall. Ben lief sehr angespannt und hatte die Hühner immer im Blickfeld. Als wir näher kamen wollte Ben loslaufen. Ich machte sofort einen kräftigen Leinenruck mit dem Kommando „Fuß", wobei Ben sofort darauf reagierte und weiter bei Fuß lief. Ich lobte Ben sofort mit einem Schulterklopfen.

Wir liefen an den Hühnern vorbei bis in den Bauernhof. Im Hof legte ich Ben ins Platz. Er war recht nervös. Als die anderen Hühner im Hof herumliefen, reagierte Ben nicht mehr auf die Hühner, sondern blieb liegen. Aus der Scheune kam eine Katze. Ben fixierte die Katze und wollte aufspringen, als sie vor ihm wegsprang. Mit einem Leinenruck und dem Kommando „Platz" legte Ben sich wieder hin. Ich lobte Ben.

Wir gingen in die Nähe des Hasenkäfigs. Mit dem Kommando Fuß liefen wir daran vorbei. Ben schaute nicht hin, sondern lief weiter bei Fuß. Beim Verlassen des Bauernhofes übergab ich Ben an sein Herrchen.

Wir gingen zur Pferdekoppel. Mit dem Kommando Fuß ging Herr Schulze mit seinem Ben an der Pferdekoppel entlang. Als die Pferde näher an den Zaun kamen, wurde Ben sehr unruhig, zog an der Leine und bellte die Pferde an. Herr Schulze hat zu spät reagiert. Ich habe Herrn Schulze erklärt, dass er auf die Reaktion seines Hundes schneller schon im Ansatz heraus handeln muss. Mit einem Leinenruck und dem Kommando Fuß wurde Ben korrigiert.

Auf dem Rückweg wurde die Übung mit den Pferden zweimal wiederholt, danach ist Ben bei Fuß an den Tieren vorbeigelaufen. Herr Schulze hat Ben gelobt. Auf dem Heimweg habe ich Herrn Schulze empfohlen bei seinen täglichen Spaziergängen öfters an der Pferdekoppel und am Hühnerstall vorbeizulaufen und darauf zu achten schon beim Ansatz Ben mit einem Leinenruck zurechtzuweisen.

Diese Übung sollte nicht länger wie 10 – 15 Minuten dauern, dafür aber täglich öfters. Auf dem Hunde - Übungsplatz angekommen hat Herr Schulze seinen Ben mit den anderen Hunden zur Entspannung spielen lassen.

Rangordnungstraining:

Herrn Schulze erklärte ich warum dieses Training wichtig ist und wie man es ausführt. Ich zeigte es anhand meines Hundes.

Der Hund wird mit beiden Händen an den Beinen umgeworfen. Die rechte Hand packt die Vorderbeine und die linke Hand packt den Hund am Oberschenkel. Sie werden seitlich zu einem weggezogen und der Hund wird dabei umgeworfen. Die linke Hand hält weiterhin der Hinterbeine fest, ein Zeigefinger bleibt zwischen den Beinen, damit man besser merkt, wenn der Hund das untere Bein/Fuß wegziehen will. Die rechte Hand wird zwischen Hals und Kopf gelegt. Der Kopf muss seitlich auf dem Boden aufliegen. Der Hund darf nicht den Kopf heben. Selbst bei Geräuschen sämtlicher Art muss er liegen bleiben. Der Hund wird solange am Boden gehalten, bis er sich nicht mehr wehrt und liegen bleibt, wenn man die Hände weg nimmt, er also keinen Druck mehr spürt. Der Hund darf erst wieder aufstehen, wenn der Rudelführer (Herrchen oder Frauchen) ihn mit dem Kommando „Auf" freigibt und ihn ein paar Schritte laufen und z.B. mit dem Kommando „Sitz" sitzen lässt. Erst dann wird er gelobt.

Solange man ihn unten hält, sagt man das Kommando „Bleib". Es wird solange durchgesetzt bis er liegen bleibt.

Das seitliche Liegenbleiben wird nicht belohnt. Macht man die Übung öfters, gewöhnt sich der Hund daran, dass sie der Rudelführer und der Ranghöhere sind.

Durch diese Übung steigt die Achtung (Rangfolge) vom Hund zum Hundeführer und akzeptiert dies auch eher. Auch wenn sich ein Hund verletzt hat, kann man durch die Seitenlage ihn besser untersuchen, da er dadurch still hält.

Dann war Herr Schulze mit Ben dran. Als sein Herrchen Ben umwarf, zappelte Ben so heftig, dass er sofort wieder stand. Ich bat Herr Schulze, Ben nochmals in die Seitenlage zu bringen und ihn dabei besser zu halten. Beim dritten Versuch konnte Herr Schulze ihn unten halten und gab das Kommando „Bleib". Ben wehrte sich nicht mehr so heftig wie zuvor. Nach einiger Zeit blieb Ben ganz ruhig liegen, bis sein Herrchen ihn freigab und nach dem Kommando „Sitz" ihn lobte.

Für die Zeit zwischen 11.10 Uhr und 14.oo Uhr gab ich Herrn Schulze mit seinem Hund zum Spielen und zum Spazieren gehen mit kleinen Übungseinheiten frei.

14.00 Uhr
Stadttraining sowie Park mit See und Enten

Zuerst gingen wir in den Park zu den Enten. Herr Schulze mit Ben und die Hundeführer mit der Labradorhündin, sowie die Neufundländerhündin. Auf dem Weg dorthin wurde Fuß, Kehrt, Platz und Sitz geübt. Hintereinander, nebeneinander, in Slalom, in U-Form, langsamer, normal und im Laufschritt. Beim Fuß gehen musste Herr Schulze seinen Ben zweimal korrigieren, weil Ben auf der Wiese einen spielenden Hund sah. Ben wedelte heftig mit dem Schwanz und wollte zum anderen Hund laufen. Herr Schulze korrigierte Ben mit Leinenruck und dem Kommando „Fuß". Ben folgte, schaute ab und zu dem spielenden Hund nach. Mit nochmaligem kurzem Leinenruck und Kommando „Fuß" ging Ben aufmerksamer bei Fuß. Herrchen lobte Ben.

Am kleinen See mit den Enten angekommen legt Herr Schulze Ben ins Platz und blieb weiterhin an der zwei Meter Leine gesichert. Zuerst blieb Ben liegen. Als aber die Enten wegflogen sprang Ben auf und wollte der Ente nachlaufen. Zu Herrn Schulze sagte ich, er solle sofort den Leinenruck machen und mit dem Kommando „Platz" korrigieren. Nach dem zweiten Mal klappte es. Ben wurde sofort gelobt. Damit Ben merkt, liegen bleiben heißt Lob, der Ruck heißt nein.

Danach gingen wir mit den anderen Hunden in die Stadt. Auch das Fahrstuhlfahren war Ben nicht geheuer. Er wollte zuerst nicht in den Fahrstuhl hineingehen. Ich schickte die anderen Hunden mit ihren Hundeführern vor und Herr Schulze sollte nochmals mit kurzem Leinenruck und Befehl „Fuß" reingehen. Diesmal ging Ben mit Herrchen rein und wurde gelobt. Beim 2. Mal sollte Herr Schulze zuerst in den Fahrstuhl, diesmal ging Ben gleich mit, aber mit Vorsicht. Das Lob hatte Ben etwas sicherer gemacht.

Wir gingen dann Kaffee trinken und die Hunde konnten sich ausruhen. Da schönes Wetter war, setzten wir uns draußen hin, die Hunde wurden ins Platz gelegt. Nach 20 Minuten Pause gingen wir zurück in die Fußgängerzone und durch das Erdgeschoss des Kaufhauses. Wir gingen eine Stahltreppe hoch und wieder runter. Ben machte keine Probleme.

Auf dem Bürgersteig neben dem Straßenverkehr haben wir die Hunde Fuß, Platz, Sitz und Kehrt machen lassen. Auf der Treppe nur die Kommandos „Fuß" und „Kehrt". Diese Unterordnungsbefehle erledigte Ben recht gut, Herr Schulze musste 2 Mal korrigieren. Um 15.o5 Uhr habe ich den Unterricht beendet.

6. Tag 10.00 Uhr
Stabilisierung des Hörzeichens „Hierhin" mit Hundepfeife in der näheren Umgebung des Hundeplatzes
Erlernen der Kommandos „Bleib Sitz" und „Bleib Platz" auf dem Übungsgelände

Vor dem Training haben wir die Hunde für 5 Minuten spielen lassen. Mit der ein Meter Leine wurde bis zur Wiese die Unterordnung trainiert. Ben lief sehr gut mit, auf Platz, Fuß und Kehrt hörte er sofort. Herr Schulze lobte ihn ausgiebig. Bei Sitz musste Herr Schulze Ben zweimal das Hinterteil von Ben herunterdrücken und kurzem Leinenruck nach oben korrigieren. Beim nächsten Mal hat Ben sofort Sitz gemacht.

Auf der Wiese wurde die ein Meter Leine mit der zehn Meter Leine getauscht. Die Herrchen verteilten sich mit ihren Hunden auf der Wiese. Zu Anfang wurde der Abstand zu den Hunden untereinander vergrößert, damit die Ablenkung nicht zu groß ist.

Herr Schulze musste die Hundepfeife mit einsetzen. Wegen der lauten Umweltgeräusche hört der Hund die Pfeife besser als die Worte. Hr. Schulze sollte zuerst pfeifen, dann den Hundenamen, damit Ben weiß, das er gemeint ist und das Kommando „Hier" verwenden. Nicht mehr wie zweimal rufen, dann lieber in die Hocke gehen und die Hände klatschen bzw. kurzen Leinenruck und Ben sofort loben, wenn er kommt. Hr. Schulze pfiff, rief Ben mit Namen und Kommando „Hier". Ben schaute beim Pfiff zum Herrchen, der ging in die Hocke und klatschte in die Hände und lobte Ben, so ist's fein, als er zu ihm lief.

Dies wiederholte Hr. Schulze mit der Pfeife 3 mal. Einmal musste Hr. Schulze mit der Leine kurz rucken, Ben kam dann sofort. Um den Reiz noch zu verstärken, wurde die Entfernung zu den Hunden dann so reduziert, das sich die Hunde fast berühren konnten. Hr. Schulze sollte Ben mit der Pfeife abrufen, bevor Ben zu nahe an die anderen Hunde kommt. Da kam Ben nicht gleich zu seinem Herrchen, erst nach dem 2. Leinenruck. Das Kommen wurde vom Herrchen gelobt. Diese Übung wurde 3 mal wiederholt.

Nach 15 Minuten ging's zurück auf's Übungsgelände. Dann eine Spielpause von 15 Minuten. Ich erklärte anschließend die Kommandos „Bleib Sitz" und „Bleib Platz". Beim Kommando „Bleib" erfolgt das Sichtzeichen mit der Handfläche nach oben. Man sollte langsam damit anfangen und die Dauer des Bleibens nur ein ganz kleines bisschen steigern, so wie die Entfernung. Das Bleiben wird ebenfalls belohnt bzw. gelobt. Für das Kommando „ Bleib" verwenden wir zuerst eine 2m Leine. Vorher wird dem Hund der Befehl zum Sitz bzw. Platz gegeben.

Am Anfang behält man die Leine in der Hand, um den Hund schneller zu korrigieren. Später lässt man die Leine auf den Boden liegen. Man entfernt sich mit dem Kommando „Bleib" und Sichtzeichen 2m von seinem Hund mit Sichtkontakt weg, bleibt einige Sekunden mit Blickkontakt vor ihm stehen und geht dann zum Hund zurück.

Bleibt der Hund sitzen oder liegen wird er sofort gelobt. Steht er vorher auf, geht man ganz ruhig zum Hund und bringt ihn an die gleiche Stelle, wo er lag oder saß, zurück und wiederholt das Kommando „Platz", „Sitz" und „Bleib" mit Sichtzeichen.

Reagiert der Hund nicht, wird mit kurzem Leinenruck nach unten korrigiert. Dann wiederholt man diese Übung. Sie sollte nicht länger wie 15 Minuten dauern. Die Entfernung sollte man in kleine Schritten erweitern, sowie die Zeit des Bleibens von wenigen Sekunden bis zu 2 bis 3 Minuten langsam steigern.

Nun war Herr Schulze mit Ben dran. Ben wurde von Herrchen ins Platz gelegt und mit dem Kommando „Bleib" stellte sich Herr Schulze ca. 2 Meter vor Ben, der wieder aufstand, als Herrchen vor ihm stand. Herr Schulze musste vier mal wieder zurück um Ben mit Kommando und Sichtzeichen zu korrigieren.

Beim „Bleib Sitz" bat ich Herrn Schulze sich erst mal ein Meter vor seinen Hund zu stellen, damit er Ben schneller korrigieren kann. Jetzt hat es schon beim dritten mal geklappt. Mit dem befolgten Befehl wurde Ben belohnt und das Training beendet.

Die Hunde konnten zum Schluss noch miteinander spielen. Als weitere Aufgabe sollte Herr Schulze mit Ben die heutigen Übungen in seine Spaziergänge mit einbauen, damit die Ausführung der Kommandos sich bei Ben festigen. Aber auch hier sollten die Übungen nicht länger als 15 Minuten betragen.

14.00 Uhr
Ausflug zum Tierpark mit Übungen

Um Ben nicht zu sehr zu überfordern, habe ich Herrn Schulze empfohlen, nicht zu nahe an den Tiergehegen entlang zu laufen. Im Park wurde Fuß, Platz, Kehrt, Bleib und Hierhin mit mehreren Entspannungspausen geübt. Zu einigen Tieren, wie Rehe und Hasen wollte Ben hinrennen. Herrn Schulze erinnerte ich, dass er Ben schon gleich im Ansatz korrigieren soll. Nach einigen Korrekturen ging Ben - ohne wieder vorzuspringen - bei Fuß weiter. Er war aber noch angespannt. Nach einigen Ruhepausen gingen wir wieder zurück.

Beim Vogelgehege lief Ben gut bei Fuß, ohne ihn korrigieren zu müssen. Ben wurde vom Herrchen gelobt. Das Training habe ich bei erfolgreich ausgeführten Befehlen beendet. Die Trainingsdauer betrug 20 Minuten.

Zur allgemeinen Entspannung gönnten wir uns eine Kaffeepause im nahegelegenen Restaurant. Ben war vom Training erschöpft und blieb ruhig liegen. Auch dafür gab es vom Herrchen ein dickes Lob. Nach 35 Minuten gingen wir nach Hause.

7. Tag 10.00 Uhr
Beginn der Freifolge von „Fuß", „Sitz", „Kehrt" und „Platz"
auf dem Übungsgelände Erlernen der Befehle „Bleib Sitz" und „Bleib Platz"

Vor dem Training „Spielstunde" für 5 Minuten für die Hunde. Jeder rief vor dem Anleinen seinen Hund zu sich. Ben ging direkt zu seinem Herrchen beim Pfiff und dem Kommando „Hier". Die ersten 5 Minuten wurde die Unterordnung mit Leine ausgeführt. Auch bei Ben lief alles gut. Er führte die Befehle seines Herrchens im Slalomlauf, Gruppenlauf, U-Lauf, Schrittlauf usw. aus. Für die Freifolge gab ich Herrn Schulze für Ben eine kurze Handleine von 20 cm Länge, die beim Hund herunterhängt. Damit kann Herr Schulze seinen Hund korrigieren und gleich wieder loslassen. Herr Schulze wechselte die Leinen und ging mit Ben von Fuß laufen in die Grundstellung „Sitz". Beim Angehen mit dem Kommando „Fuß" folgte Ben seinem Herrchen 2 bis 3 Schritte und wich beim Fußgehen nach links ab.

Ich erinnerte Herrn Schulze, daran zu denken, Ben mit einem kurzen Leinenruck oder Klopfen auf seinen Oberschenkel mit dem Kommando „Fuß" Ben zu korrigieren. Herr Schulze nahm die Kurzleine mit kurzem Ruck und wiederholte das Kommando. Nach dem dritten mal lief es ganz gut. Bei Sitz und Platz führte Ben die Kommandos sofort aus. Bei Kehrt lief Ben mit einem zu großen Abstand um sein Herrchen herum. Daraufhin hat Herr Schulze sofort korrigiert, so dass zum Schluss Ben eng um sein Herrchen lief. Ben wurde sofort bei jedem korrekt ausgeführten Befehl gelobt.

Die Übungen wurden auch in der Gruppe hintereinander mit Wechsel, nebeneinander usw. gelaufen. Nach 20 Minuten gab ich eine Pause für die Hunde zum Spielen und entspannen für 10 Minuten.

In der Pause habe ich mit allen Hundeführern die einzelnen Übungen theoretisch besprochen und ihnen die Aufgabe gegeben, in der restlichen freien Zeit die Lektionen in kleinen Einheiten weiter zu üben.

Außerhalb des Geländes ist zur Sicherung die 10 Meter Leine zu verwenden, die dann nicht auf eine bestimmte Distanz gehalten wird, sondern am Boden mitschleift.

Sie dient als verlängerten Arm. Dies übten wir am Nachmittag um 14.oo Uhr.

Nach der Pause übten wir weiter „Bleib Platz" und „Bleib Sitz" mit der Kurzleine. Entfernung etwa 2-4 Meter. Als Herr Schulze nach dem Kommando „Bleib Platz" sich mit Blickkontakt von Ben entfernte und Ben nach mehreren Versuchen immer wieder zu seinem Herrchen lief, war dieser etwas genervt.

Ich beruhigte Herrn Schulze und bat ihn die Ruhe zu bewahren, seinen Hund an die kurze Leine zu nehmen und an der gleichen Stelle mit Kommando und kurzem Leinenruck ins Platz zu legen. Nach dem vierten Versuch blieb Ben liegen. Herr Schulze hat Ben gelobt und ich habe Herrn Schulze für seine Geduld gelobt.

Anschließend haben wir das Kommando „Bleib Sitz" geübt, nach der zweiten Korrektur folgte Ben dem Befehl. Auf dem Übungsgelände lag ein großer Heuballen. Jeder Hundeführer legte nacheinander seinen Hund ins „Bleib Platz" oder „Bleib Sitz" und verschwand für 5 Sekunden hinter dem Ballen. Herr Schulze gab Ben den entsprechenden Befehl und versteckte sich für kurze Zeit hinter dem Heuballen.

Um Ben daran zu hindern aufzustehen und seinem Herrchen zu folgen, stellte ich mich zuvor neben Ben. Ben wollte aufstehen, ich hielt ihn fest mit dem Kommando „Bleib Platz". Ben blieb liegen. Ich nahm die Hände weg und bat Herrn Schulze sofort zu Ben zu kommen, um ihn zu loben. Zweimal wiederholten wir diese Übung. Ich stand dann nicht mehr bei Ben. Beim weiteren Versuch stand Ben

wieder auf. Herr Schulze ging zu Ben, korrigierte ihn und brachte ihn zu seinem alten Platz zurück. Bei der dritten Korrektur bleibt Ben liegen. Ich bat Herrn Schulze sofort zu Ben zu gehen und ihn zu loben bevor er wieder aufsteht. Ben wurde ausgiebig gelobt. Nach 15 Minuten spielten die Hunde nochmals miteinander und die Übungsstunde war damit beendet.

14.00 Uhr
**Festigen von Freifolge, Fuß, Sitz, Kehrt und Platz, so-
wie Bleib Platz und Bleib Sitz außerhalb des Übungs-
geländes des Hunde – Übungsplatzes**

Für die Freifolge hat jeder Hundeführer mit der 10 Meter
Leine nicht haltend gearbeitet. Herr Schulze lief mit Ben
voran. Zuerst in Grundstellung mit Sitz und Fuß weiter.
Dies klappte mit dreimaligem korrigieren dann ganz gut.
Bei Sitz und Platz führte Ben die Kommandos sofort aus.
Auch bei der Kehrtwendung musste Herr Schulze etwas
mit Wiederholung des Kommandos „Fuß" und kurzem,
leichten Leinenruck nachhelfen. Danach hat Ben sehr gut
mitgemacht und wurde von seinem Herrchen ausgiebig
gelobt. Auch das Gruppenlaufen lief mit den anderen Hunden mit zweimaliger Korrektur gut.

Dann wurden die Hunde nebeneinander in 2 Meter Ab-
stand mit Sitz und Platz abgerufen. Herr Schulze fing an.
Mit Kommando „Bleib" entfernte er sich mit Blickkontakt zu
Ben ca. 6 Meter. Dann rief Herr Schulze Ben mit „Hier" ab.
Ben kam, setzte sich vor sein Herrchen hin, allerdings
leicht schräg. Da sollte Hr. Schulze noch mal eins bis zwei
Schritte zurück gehen, so dass Ben nachrückt und gerade
vor ihm steht und sitz macht.

Mit dem Kommando „Fuß" ging Ben um sein Herrchen
herum und stand neben ihm. Mit dem Kommando „Sitz"
setzte sich Ben. Er wurde sofort belohnt. Ben freute sich
und wedelte mit dem Schwanz. Danach riefen die anderen
Hundeführer ihre Hunde ab. Anschließend wurden alle
Hunde abgeleint und konnten für 5 Minuten spielen.

Zum weiteren Training wurden dann die Hunde abgerufen. Herr Schulze pfiff und rief Ben's Namen mit dem Kommando „Hier". Nach dem zweiten Rufen kam Ben zu seinem Herrchen und wurde gelobt.

Jeder einzelne sollte sich hinter einem Traktor begeben, der auf der Wiese stand. Die Hunde sollten dabei liegen bleiben. Die lange Laufleine blieb dran. Herr Schulze legte Ben ins Platz mit dem Kommando „Bleib" und ging hinter den Traktor, 5 Sekunden blieb Ben liegen und stand dann wieder auf. Herr Schulze ging zu Ben und legte den Hund an der gleichen Stelle wieder ins Platz. Nach dem zweiten Mal blieb Ben liegen und Herr Schulze blieb 20 Sekunden hinter dem Traktor. Bevor Ben wieder aufstehen wollte, bat ich Herrn Schulze zu seinem Hund zu gehen und ihn zu loben.

Die anderen Hundeführer trainierten mit ihren Hunden das gleiche. Nach der erfolgreichen Ausführung des Befehls „Bleib" beendete ich das Training.

8.Tag 10.00 Uhr
Ausflug in den Zoo mit einigen Übungen, Fuß, Sitz, Platz und Ignorieren der anderen Tiere

Bei einigen Tieren wie Affen und Raubkatzen, die an die Käfigen sprangen, musste Ben von seinem Herrchen öfters korrigiert werden, da Ben sie noch nicht kannte bzw. ihn verunsicherten. Nach dem Korrigieren sollte Hr. Schulze noch mal in einem gewissen Abstand die Übung „Fuß" und „Kehrt" wiederholen, bis Ben nicht mehr von ihm korrigiert werden musste. Nach dem zweiten Mal klappte es und Ben wurde vom Herrchen ausgiebig gelobt.

Nach 15 Minuten Training wurde eine Pause von 30 Minuten gemacht und wir saßen außen in einem Biergarten des Zoos. Ben legte sich nach dem Befehl „Platz" hin und blieb liegen bis wir gingen. Nach einem kleinen Snack und Trinken, sowie Wasser für Ben, gingen wir noch mal für ca. 10 Minuten bis zum Ausgang trainieren. Hr. Schulze musste diesmal nur einmal bei Kommando „Fuß" korrigieren. Die anderen Kommandos führte Ben sofort aus. Er wurde ausgiebig von seinem Herrchen gelobt.

Um 11.05 Uhr wurde die Stunde beendet. Hr. Schulze und Ben hatten bis 17.00 Uhr zur freien Verfügung, um mit Ben spazieren zugehen, dabei einige kurze Übungen mit einzufügen, mit Ben zu spielen oder einfach zu relaxen.

17.00 Uhr
Besprechung zum „verkehrssicheren Begleithund"
zur Prüfung am 10. Tag

Hr. Schulze erklärte ich nochmals, dass die perfekte bzw. erreichte Ausbildung der Unterordnung ist, wenn bei

„Fuß"   der Hund neben einem geht, an der locker durchhängenden Leine, sowohl ohne Leine.

„Sitz"   der Hund setzt sich auf Kommando neben einem.

„Platz"   der Hund legt sich auf Kommando neben einem.

„Bleib Sitz"   der Hund bleibt auch dann sitzen, wenn man sich entfernt, in jeder Situation (andere Geräusche, Tiere, Autos usw.).

„Bleib Platz" der Hund muss in jeder Situation liegen bleiben, auch dann noch, wenn man sich ent-
fernt, bei jeder Ablenkung.

„Hier hin" der Hund kommt auf Ruf und Pfiff zügig zu
einem, auch bei starken Reizsituationen, wie
spielende Hunde, wilde Tiere (Rehe, Hasen),
Radfahrer usw.

Ben soll zu anderen Artgenossen sowie anderen Tieren
freundlich sein und sie auch ignorieren können. Ihn jeweils
beim Ansetzen eines Fehlers sofort korrigieren, nicht erst
machen lassen. Besonders wichtig wegen Ben's Jagdtrieb. Dies beim Ansatz des Vorhabens (Jagen) zu stop-
pen, ihn sofort beirufen (pfeifen).

Das Erlernte immer wieder mal üben, damit nie aufhören
(wg. Jagdinstinkt). Die Übungszeiten bei Erwachsenen
Hunden nicht mehr wie 15 bis 20 Minuten, dafür mindes-
tens zweimal am Tag. Man soll nie im gestresstem Zu-
stand trainieren, sondern sollte immer mit Spaß erfolgen
und nicht eintönig gestaltet sein. Das Lob immer im
freundlichen Ton rüberbringen.

9. Tag 10.00 Uhr
Stadttraining mit Freifolge sowie „Bleib Sitz",
„Bleib Platz" Übungen

Zuerst wurde auf dem Parkplatz eines Einkaufszentrums
geübt. Da war es noch etwas ruhiger. Wir übten mit der
Leine anschließend haben wir die Hunde abgeleint. Herr
Schulze musste mit Ben „Fuß" gehen. Herr Schulze muss-

te einmal mit Leinenruck und Kommando Ben korrigieren, und nochmals mit Kommando „Fuß". Dann ging's sehr gut. Sitz, Platz und Kehrt führte Ben sofort aus. Bei „Bleib Platz" blieb Ben liegen.

Herr Schulze entfernte sich 5 Meter, wartete 1 Minute und ging zu Ben zurück. Ben wurde ausgiebig gelobt. Herr Schulze legte Ben wieder ins Platz und versteckte sich hinter einer großen Tonne und sollte ebenfalls eine Minute lang dahinter bleiben. Ben stand auf und Herr Schulze musste Ben korrigieren. Danach blieb Ben liegen und wartete, bis sein Herrchen zurückkam. „Bleib Sitz" wurde anschließend genauso trainiert. Beim Verstecken musste Herr Schulze Ben einmal korrigieren, danach blieb Ben sitzen. Dies wurde ebenfalls von Herrchen gelobt.

Anschließend gingen wir durch die Einkaufspassage. Die Unterordnungsübungen erledigte Ben sehr gut. Das „Bleib Platz" musste Herr Schulze nochmals korrigieren, da in der Nähe ein Hund vorbei lief. Nach dem zweiten Versuch blieb Ben liegen.

Das Durchlaufen des Einkaufszentrums klappte ganz gut. Als ein aggressiver Schäferhund an Ben vorbei lief, wollte Ben zu dem Hund. Herr Schulze machte einen Leinenruck und Ben lief wieder bei Fuß. Ich bat die Frau mit dem Schäferhund, sie möge unter Hinweis auf Ben's Hundeprüfung nochmals an Ben vorbei gehen. Die Frau war sehr nett und ging mit ihrem Hund an Ben mit einem etwas größeren Abstand vorbei, Herr Schulze wiederholte das Kommando und Ben ging Fuß ohne vorzulaufen. Wir bedankten uns bei der Frau, die Herrn Schulze für die morgige Prüfung Glück wünschte.

Wir machten dann eine Pause von 20 Minuten. Wir gingen auf den großen Parkplatz und übten dort U-Lauf, Achterlauf, Schritt, langsames Gehen und schnelle Schrittfolge sowie Quadrat laufen. Abwechselnd mit und ohne Leine.

Beim Achterlauf musste Herr Schulze Ben etwas nach links mit seinem linken Bein schieben, damit Ben seiner Richtung folgte. Nach dreimaligem korrigieren klappte es gut. Wir probierten es ohne Leine, mit Sitz, Platz und Kehrt. Beim Achterlaufen sowie Quadratlaufen musste Herr Schul-ze Ben zweimal am Halsband korrigieren. Nach meiner Anweisung lies Herr Schulze Ben frei laufen um zu

schnüffeln und um sich zu entleeren. Nach kurzer Zeit pfiff Herr Schulze mit Kommando „Hier" Ben zurück. Erst nach zweimaligem Rufen kam Ben zurück, da in der Nähe ein anderer Hund lief. Herr Schulze lobte Ben als er vor ihm saß. Wir beendeten die Vormittags – Übungsstunde.

14.00 Uhr
Wiederholung des Erlernten mit Tipps für den Alltag
und zu Hause

Sämtliche erlernten Übungen wie Fuß, Kehrt, Platz, Sitz, Bleib und Hier sowie das Abgewöhnen von Bens Jagdverhalten wurde mit und ohne Leine nochmals geübt und stabilisiert. Das bei Fuß gehen und Bleib Platz musste Herr Schulze bei Ben zweimal korrigieren.

Auch beim Vorbeigehen an der Pferdekoppel sowie am Hühnerstall ging Ben ohne Probleme mit Fuß vorbei. Herr Schulze freute sich über Bens Fortschritte und lobte Ben. Das tägliche Üben hatte sich gelohnt. Auch das Abrufen ging hervorragend. Ich bat Herrn Schulze auch zu Hause weiter die Übungen mit Ben zu üben.

Auch die Familienmitglieder, die mit Ben spazieren gehen, sollten die gleichen Kommandos mit Sichtzeichen geben und Ben rechtzeitig korrigieren. Das Jagdverhalten von Ben muss auch von den Familienmitgliedern sofort im Ansatz unterbunden werden, damit Ben immer wieder sein Jagdtrieb verhindert wird.

Die Fellpflege und das Wegnehmen des Futternapfes sollte die ganze Familie mit Ben üben, bis Ben dies akzeptiert. Ich empfahl Hr. Schulze dringend das Futter umzustellen. Das Futter was Hr. Schulze zur Zeit Ben gibt ist nur für Junghunde bis zum 12. Monat vorgesehen. Er muss ein Trockenfutter für normalbeanspruchte Hunde geben, das ein Rohproteinanteil von höchstens 22% bis 25% hat. Ich sagte Hr. Schulze, dass ein zu hoher Rohproteinanteil einen Hund zu sehr aufbauschen.

Zu Hause soll Hr. Schulze mit seinem Hund öfters die gelernten Übungen wiederholen, damit sich diese bei Ben einprägen. Ein Training, das nicht länger wie 20 Minuten betragen sollte wird immer mit einem ausgeführten Befehl beendet. Dabei sollten Spieleinheiten nicht zu kurz kommen, damit sich Ben immer mal entspannen kann. Ben sooft loben, wenn er die Kommandos korrekt ausführt.

Der Hund wird sofort mit entsprechendem Leinenruck und Wiederholung des Kommandos getadelt, wenn er das Kommando nicht befolgt. Ich gab Hr. Schulze zu bedenken, dass ein Hund, der wenige Sekunden zu spät getadelt wird, dies bereits mit der darauffolgenden Situation verbindet., die evtl. korrekt ausgeführt wurde. Eine Belohnung mit Futter (Leckerli) bekommt Ben nur dann, wenn er sich z.b. diese mit einem erfolgreich ausgeführten Befehl erarbeitet hat.

Auch sollte jede Person der Familie zuerst durch eine Tür gehen. Ben hat zu warten, bis er mit einem Befehl die Tür passieren kann. Ich gab Hr. Schulze den Rat vor der morgigen Prüfung einen ausgiebigen Spaziergang zu machen, damit sich Ben noch mal lösen kann. Ben kann sich so besser konzentrieren.

10.Tag 10.00 Uhr
Prüfung zum verkehrssicheren Begleithund

Am heutigen Tag fuhren wir in eine Kleinstadt mit einem Einkaufscenter, der einen großen Parkplatz mit Bäumen und Wiesenfläche hatte. Auf dem Parkplatz trafen wir den Prüfer. Nach der Begrüßung holte der Prüfer seinen jungen Jagdhund, um zusehen, ob Ben sich anderen Artgenossen gegenüber aufgeschlossen verhält. Dies war für Ben kein Problem, da er verspielt ist. Ben wollte mit dem Hund gleich spielen. Nach der freudigen Begrüßung brachte der Prüfer seinen Hund wieder ins Auto und bat Hr. Schulze mit Ben einige Übungen auszuführen.

Hr. Schulze war etwas nervös, was Ben auch spürte und nicht alle Befehle sofort ausführte. Bei Fuß und Kehrt musste Hr. Schulze Ben zweimal korrigieren, einmal bei Fuß mit kurzem Leinenruck und bei Kehrt mit Oberschenkelklopfen. Sitz und Platz sowie U-Laufen befolgte Ben Herrchens Befehle und wurde sofort von ihm gelobt. Bei der Acht-Laufen musste Hr. Schulze mit dem linken Bein nachhelfen, beim zweitenmal lief Ben richtig mit.

Bei „Bleib Sitz" stand Ben auf als Hr. Schulze vier Meter vor ihm stand. Hr. Schulze korrigierte Ben, indem er das Wort „Sitz" wiederholte, worauf Ben sich wieder setzte. Beim Befehl „Bleib Platz" ist Ben liegengeblieben als sein Herrchen einige Meter vor ihm stand und wieder zurück ging. Ben wurde sofort gelobt. Danach wurden vom Prüfer fremde Menschen angesprochen und gebeten eine Begrüßung mit Hr. Schulze mit anschließendem kurzen Gespräch vorzuspielen.

Dabei musste Ben ruhig sitzen bleiben, was er auch tat. Dann kam die Freifolge dran. Hr. Schulze wurde noch nervöser. Dies wurde von dem Prüfer bemerkt und hat Hr. Schulze mit den Worten beruhigt, das er es ruhig angehen sollte. Die Freifolge klappte gut bis auf „Bleib Sitz" und „Bleib Platz". Hr. Schulze musste sich hinter einen Bus stellen. Etwas weiter entfernt liefen zwei Hunde auf der Wiese. Ben wurde dadurch abgelenkt und blieb nicht sitzen. Hr. Schulze ging auf Anweisung des Prüfers zu Ben und korrigierte ihn mit entsprechenden Kommando und Sichtzeichen und ging wieder hinter den Bus. Diesmal blieb Ben sitzen. Hr. Schulze ging zurück zu Ben und lobte ihn.

Mit der Zeit wurde Hr. Schulze etwas ruhiger. Dies merkte auch Ben und führte die Befehle immer besser aus. Dann gingen wir mit Leinenführung zum Einkaufcenter. Mit dem Kommando „Fuß" lief Hr. Schulze und Ben an einigen Leuten vorbei. Ben lief dabei sehr schön bei Fuß. Auch seitlich vor dem Eingang klappte Sitz und Platz sehr gut, sowie das Durchlaufen des Einkaufszentrums. Hr. Schulze lobte Ben. Dann gingen wir zum Parkplatz zurück.

Der Prüfer holte wieder seinen jungen Hund aus dem Auto und Hr. Schulze sollte Ben ableinen und mit dem Jagdhund spielen und laufen lassen. Bevor Ben zu weit weg war, bat der Prüfer Hr. Schulze seinen Hund abzurufen. Hr. Schulze pfiff und rief Ben mit Namen und dem Kommando „Hier". Nach dem zweiten Pfiff kam Ben und setzte sich direkt vor sein Herrchen. Mit dem Kommando „Lauf" entlies Hr. Schulze seinen Hund wieder zum spielen.

Dann musste er Ben nochmals abrufen. Nach dem ersten Pfiff und dem Kommando „Hier" kam Ben sofort zu seinem Herrchen. Danach war die Prüfung beendet. Hr. Schulze und Ben hatten die Prüfung bestanden. Der Prüfer gratulierte Herrn Schulze zur bestandenen Prüfung und empfahl ihm zu Hause weiterhin zu üben, um Ben zu einem perfekten Begleithund zu machen. Herr Schulze bedankte sich für die gute Ausbildung und versprach alle Anregungen an Ben weiter anzuwenden.

Alexandra Noll

Zum Schluss

verehrte(r) Leser(in), möchte ich noch etwas in eigener Sache bringen.

Meine Eltern hatten 3 Schäferhunde nacheinander gehabt, die inzwischen leider verstorben sind. Der Verlust war für uns alle immer sehr schmerzhaft, besonders für meinen Vater, der sehr viel mit den Hunden in seiner Freizeit gearbeitet hat und mit ihnen Prüfungen-Fährten-Pokal-Wettkampf, Unterordnung und Schutzdienst durchführte und ablegte.

Für einen kleinen Trost hat meine Mutti meinem Vater immer ein schönes Hundegedicht geschrieben, die ich hier gerne noch veröffentlichen möchte:

Falko! 2.12.1976

Erinnerung an unseren ersten Hund geschrieben von Frauchen, gewidmet Herrchen

Als kleiner Wicht, bist Du zu uns
gekommen,
und hast unsere Herzen im Sturm
gewonnen.

Mancher Schuh hat daran glauben
müssen,
Teppiche und Zäune hast Du zerrissen.

Unser Garten! Sieht ganz furchtbar aus!!
Doch Du – Du machst Dir gar nichts draus.

Unser Schimpfen und Drohn hat Dich
nicht gestört.
Du tatest als hättest Du es nicht gehört.

Manch schöne Blume hast Du mit
Lust geköpft,
trotzdem wir Dich ermahnt und
vorgeknöpft.
Mit treuen Augen hast Du
uns angesehn,
als wolltest Du sagen es war
doch bloß ein Versehn.
Wir konnten Dir nicht lange böse sein,
wir mussten Dir ganz schnell verzeihn.

Lagen wir im Bett und schliefen
schön,
ranntest Du umher,
Du wolltest Gassi gehn.

Es stimmt Du hast unsere Welt
durcheinander gebracht.
Aber wir haben schon oft Tränen gelacht,
wenn Du im Traum komische Töne
von Dir gabst.
Wer weiß!! Vielleicht hast Du gerade
einen Hasen gejagt.
Du bist doch schon ein drolliger Hund.

Ach – wäre das schön, Du wärst ganz
gesund!!
Wir würden an schlechten und
schönen Tagen,
toben und über die Felder jagen.

Damals, als Du krank gewesen,
haben wir voller Sorge neben Dir
gesessen.

Aber nahte Herrchen mit der Tablette
bist Du schnell um die Ecke gefegt,
und hast Dich in den hintersten
Winkel gelegt.
Da half kein Kommando, kein Betteln,
kein Flehn,
freiwillig wolltest Du nicht aufstehn.
Mit Gewalt musste man Dir die
Tabletten in den Mund schieben.
Du standest nicht auf, bliebst einfach
liegen.
Mit verachtungsvollen Blicken hast
Du sie geschluckt,
und uns ganz empört angeguckt.

Weißt Du noch? Ich glaube Du erinnerst
Dich nicht mehr!
Passierte Dir ein ganz großes Malheur
Herrchen hatte sein Leberwurstbrot
nicht gegessen.
Du aber, hast es einfach gefressen.
Ich glaube es hat Dir vorzüglich
geschmeckt,
denn Du hast Dir verstohlen die
Schnauze geleckt.
Doch als Herrchen es merkte, da
wurde er ärgerlich
und ich stand da, und lachte
fürchterlich.

Ja! Du hast schon manches
Schelmenstück ausgeheckt.
Mir den Wäschekorb geplündert

und die Strümpfe versteckt.

Durch Dein Schnarchen hast Du
mich oft um den Schlaf gebracht,
hatte immer Herrchen in Verdacht.

Im Garten lag so mancher Hundedreck.
Frauchen, ja die macht es weg.

Hörtest Du abends Herrchen nach
Hause kommen,
hast Du vor Freude, gleich ein paar
Stufen auf einmal genommen.

Schwanzwedelnd hast Du ihn begrüßt.
Ich glaube, Du hattest ihn sehr vermisst.

Wie Samt und Seide glänzt Dein
Fell.
Deine Augen schauen zuverlässig, treu
und schnell.

Wir alle lieben Dich so sehr,
wenn Du nicht mehr bist, dann
kommt kein anderer her!

Für Herrchen!   **25.8.1995**

Gerade mit acht Wochen, bin ich als 2. Hund zu
Euch gekommen.
Ihr habt mich mit Liebe aufgenommen.
Manchen Streich habe ich ausgeheckt,
viel kaputt gemacht und einige
Sachen versteckt.
Doch ihr wart nie lange böse mit mir,
deshalb danke ich Euch mit Treue dafür.

Bei Euch habe ich das schönste
Hundeleben geführt,
habe immer gewusst, was Ihr denkt
und spürt.

„Herrchen"! Ich war Dein Freund,
Kamerad und Begleiter,
immer für Dich da froh und
heiter.

Besonders Du warst für mich alles
auf der Welt,
hast Du auch manchmal geschimpft,
wenn ich zu laut gebellt.

Aber ich wurde älter, meine Hüfte schmerzte,
konnte schlecht laufen.
Musste nach langen Wegstrecken ausruhen
und verschnaufen.

Ich habe Dich mit meinen braunen
Augen angeschaut.
Sie sagten, bitte hilf mir, ich habe Schmerzen,
ich habe Dir vertraut.

Deshalb Herrchen sei nicht traurig,
werde wieder froh.
Du weißt es war für mich besser so!!!

Meine Schmerzen wurden immer mehr,
alles strengte an, ich quälte mich sehr.

Danke für die Liebe, die Du mir
gegeben.
Ich hatte das beste und schönste
Hundeleben.

Werden wir uns auch nie wiedersehn,
ich bin in Deiner Nähe und kann
Dich verstehen.

Gero

Ich sage Danke fürs Gassi gehn,
es war immer wunderschön.
Habe geduldig gewartet bis Du kamst
und mich an die Leine nahmst.

Bei gutem und schlechtem Wetter
bist Du gekommen,
hast mich immer mitgenommen.

War ich auch öfter stürmisch und temperamentvoll
Entschuldige bitte!!

In meiner Jugend treibt man es
oft zu toll.

Jetzt ist mein Frauchen wieder okay,
kann wieder mit mir spazieren gehn
Heisa Juchhe.

Für Deine Ausdauer und Geduld
danke ich Dir.

Für Dich habe ich in meinem Herzen stets
ein Plätzchen dafür.

Rex

Auch über mein Hund Charly als „kleiner Dieb" hat Mutti ein Gedicht verfasst:

Die Mohrenköpfe!

Zwei Mohrenköpfe so dick
und rund,
gefielen Charly den Australien-
Shepard Hund.

Das Wasser lief ihm im Mund
zusammen,
er überlegt wie kann ich zu
diesen Köstlichkeiten gelangen.

Charly rutschte näher zum
Tisch heran,
blinzelte zu Herrchen und Frauchen
dann und wann.

Aber die Beiden schauten
fern.

„Ach!" Seufzte Charly „Ich hätt
die Mohrenköpfe doch gar zu gern."

Jetzt noch einmal blinzeln
ob keiner guckt,
nein keiner, die Mohrenköpfe
waren schnell verschluckt.

Ach! Waren die so gut!!!
Er leckte sich genussvoll die
Schnut.

Plötzlich schrie Herrchen Ralf,
er war nicht sehr erbaut,
jemand hat meine Mohrenköpfe
geklaut.

Pech gehabt Herrchen! Hättest Du
die Dinger gegessen,
dann hätt ich sie Dir nicht
weggefressen.

Bin ich müde die Couch wär
angenehm.
Ich spring gleich drauf und
mach es mir bequem.

Karin Vinçon

66